まちごとインド

South India 003 Kanchipuram

カーンチプラム

寺院で彩られた「黄金の街」

காஞ்சிபுரம்

Asia City Guide Production

【白地図】南インド

INDIA
南インド

南インド

Kanchipuram 白地図

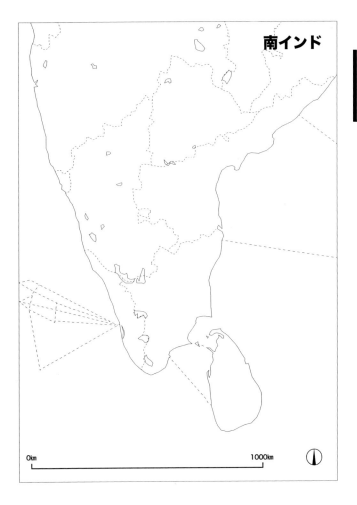

【白地図】タミルナードゥ州

INDIA
南インド

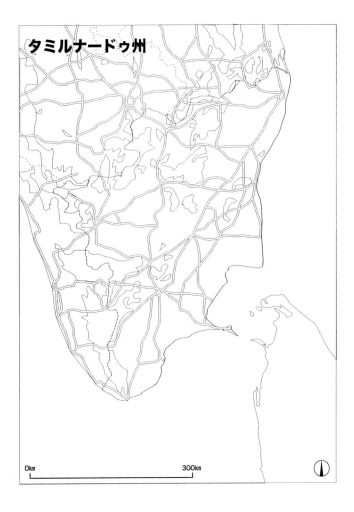

【白地図】カーンチプラムとチェンナイ

INDIA
南インド

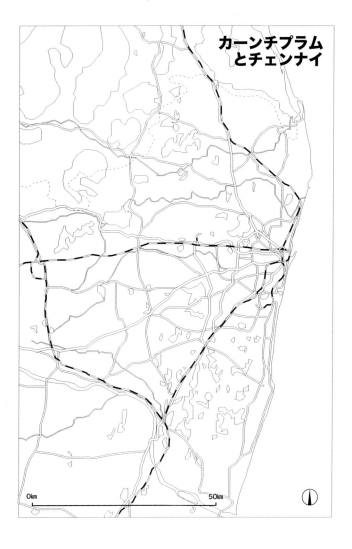

【白地図】カーンチプラム

INDIA
南インド

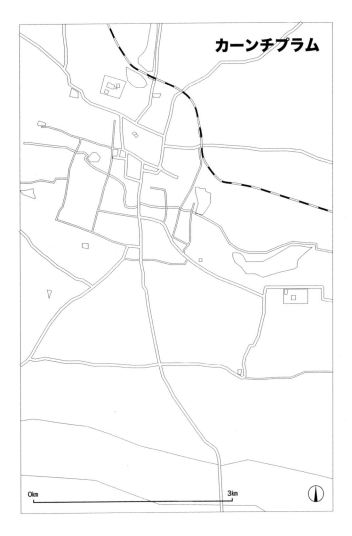

【白地図】シヴァカンチー

INDIA
南インド

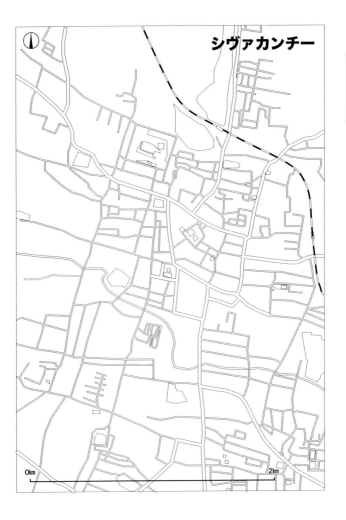

【白地図】カイラサナータ寺院

INDIA
南インド

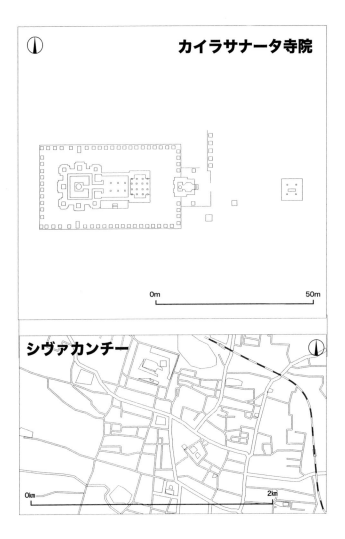

【白地図】エーカンバレーシュワラ寺院

INDIA
南インド

【白地図】ヴァイクンタペルマール寺院

INDIA
南インド

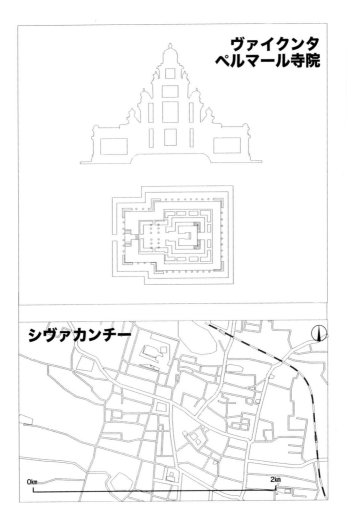

【白地図】ヴィシュヌカンチー

INDIA
南インド

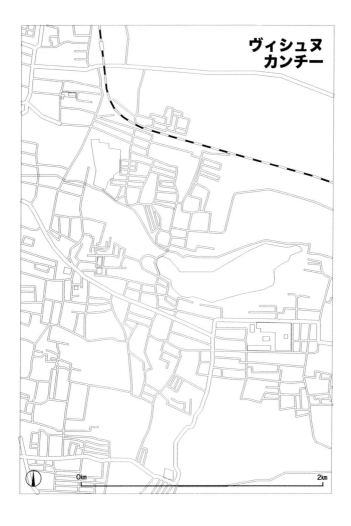

ヴィシュヌ
カンチー

白地図

【白地図】ヴァラダラージャ寺院

INDIA
南インド

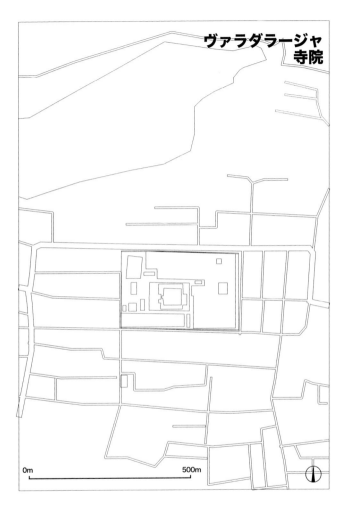

【白地図】カーンチプラム郊外

INDIA
南インド

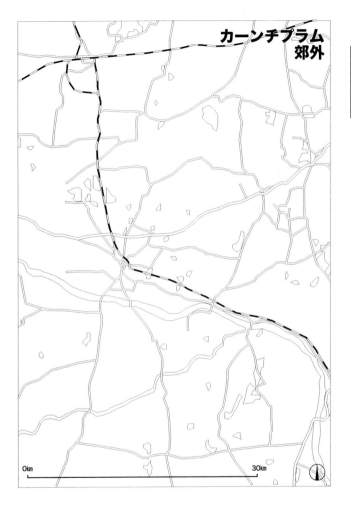

INDIA
南インド

【まちごとインド】
南インド 001 はじめてのタミルナードゥ
南インド 002 チェンナイ
南インド 003 カーンチプラム
南インド 004 マハーバリプラム
南インド 005 タンジャヴール
南インド 006 クンバコナムとカーヴェリー・デルタ
南インド 007 ティルチラパッリ
南インド 008 マドゥライ
南インド 009 ラーメシュワラム
南インド 010 カニャークマリ

　パラール川の岸辺に開けたカーンチプラムは南インドでもっとも古い都市のひとつで、ヒンドゥー七聖地にもあげられる。宗教センターとしての歴史は長く、5世紀以前には仏教徒やジャイナ教徒でもにぎわっていたという。

　この街が特筆されるのは3〜9世紀にパッラヴァ朝の都がおかれ、学問や文化、芸術が栄えたところ。当時建立されたカイラサナータ寺院やヴァイクンタ・ペルマール寺院は南方型寺院の祖型とされ、ヒンドゥー美術史上の傑作として知られる。

காஞ்சிபுரம்
カーンチプラム
Kanchipuram

　パッラヴァ朝以降、チョーラ朝、ヴィジャヤナガル朝といったヒンドゥー王朝のもとでも、寺院の増改築は続き、カーンチプラムは「千の寺院」をもつ街と言われるようになった。またチェンナイに隣接する立地（南西 75 km）から、チェンナイ首都圏の一部を構成し、街の郊外に工業団地が整備されるようになった。

【まちごとインド】

南インド 003 カーンチプラム

INDIA
南インド

目次

カーンチプラム	xxiv
南インド屈指の寺院都市	xxxii
シヴァカンチー城市案内	xliii
ヴィシュヌカンチー城市案内	lxix
郊外城市案内	lxxxii
南インドで展開した信仰	xc

【MEMO】

【地図】南インド

INDIA
南インド

【地図】タミルナードゥ州

南インド屈指の寺院都市

INDIA
南インド

インド中から巡礼する人々の姿があるカーンチプラム
「南のベナレス」ともたとえられ
カンチーという愛称で呼ばれている

七大聖地のひとつ

カーンチプラムは、ハリドワール、アヨーディヤー、マトゥラー、バラナシ、ウッジャイン、ドワールカーとならんで「そこへゆけば解脱できる」七聖都のひとつにあげられる（カーンチプラム以外は北インド）。インドの寺院都市は単なる巡礼地にとどまらず、文化、経済の中心として地域や農村を結合する核でもあった。近代、チェンナイなどの港湾都市が勃興するまで、カーンチプラムは南インド最大規模の人口と商店数を誇る街として知られていた（宗教家や芸術家、詩人などがこの街に集まった）。

▲左　カーンチプラムは南インドを代表する聖地。　▲右　多くの人がこの地に巡礼する

カーンチプラムのかんたんな歴史

カーンチプラムとは「黄金の街」を意味する。紀元前2世紀の文法家パタンジャリ、400年ごろの詩人カーリダーサもこの街についてふれ、とくに3〜9世紀のパッラヴァ朝時代に南インドを代表する都市になった。その後、10〜13世紀のチョーラ朝、14〜16世紀のビジャヤナガル朝といったヒンドゥー諸王朝のもとでも繁栄は続き、寺院の増改築が続いた。1646年からイスラム勢力、1759年からイギリス東インド会社の統治を受けたが、南インド屈指の巡礼都市といった性格は1500年のあいだ受け継がれてきた（イギリス統治時代は

INDIA
南インド

コンジーヴェラムと呼ばれていた)。

街の構成

北インドのグプタ朝で成立したシヴァ信仰やヴィシュヌ信仰は4〜5世紀ごろには南インドにももたらされ、パッラヴァ朝時代からカーンチプラムに多くのヒンドゥー寺院が建造された。カーンチプラムは、それぞれの神をいただくシヴァ・カンチー、ヴィシュヌ・カンチーといった街で構成されている。古くは仏教、ジャイナ教の拠点があった歴史もあり、ブッダ・カンチー、ジャイナ・カンチーもにぎわっていたという(玄

Kanchipuram 南インド屈指の寺院都市

▲左　寺院を彩るヒンドゥー教の神々。　▲右　南インド中から巡礼者が訪れる

奘三蔵は『大唐西域記』のなかで「建志補羅」の様子について記している)。また街の郊外に工業団地が整備され、チェンナイ首都圏の一角をになっている。

【地図】カーンチプラムとチェンナイ

INDIA
南インド

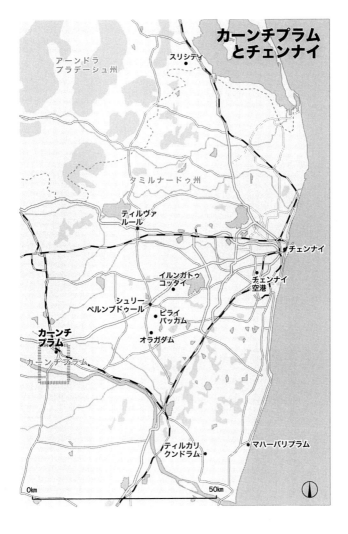

【地図】カーンチプラム

【地図】カーンチプラムの [★★★]
- [ ] カイラサナータ寺院 Kailasanathar Temple
- [ ] エーカンバレーシュワラ寺院 Ekambareswara Temple
- [ ] ヴァラダラージャ寺院 Vardaraja Temple

【地図】カーンチプラムの [★★☆]
- [ ] シヴァ・カンチー Siva Kanch
- [ ] カーマークシ寺院 Kamakshi Amman Temple
- [ ] ヴァイクンタ・ペルマール寺院 Vaikunda Perumal Temple
- [ ] ヴィシュヌ・カンチー Vishnu Kanch

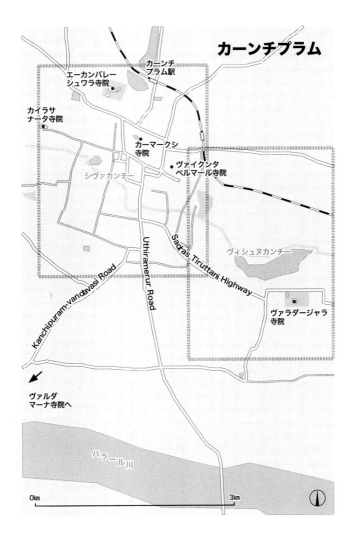

【MEMO】

INDIA
南インド

【MEMO】

【MEMO】

INDIA
南インド

Guide, Shiva Kanch
シヴァカンチー城市案内

街の中心にあたるシヴァ・カンチー
門前町にふさわしく通り沿いにずらりと商店がならび
多くの巡礼者を集めている

シヴァ・カンチー Siva Kanch　[★★☆]

シヴァ神をまつったエーカンバレーシュワラ寺院を頂点に、シヴァ神の棲む天界カイラス山が表現されたカイラサナータ寺院、シヴァ神の配偶神カーマークシ・アンマンをまつる寺院などがならぶシヴァ・カンチー。北インドから来た暴風神ルドラと南インドのモンスーンが同一視されてシヴァ信仰が形成され、土着の女神はシヴァ神と結婚することでその体系にとりこまれた。破壊と再生をつかさどり、生命力の象徴リンガ（男性生殖器）はシヴァ神そのものと見られている。

【地図】シヴァカンチー

【地図】シヴァカンチーの [★★★]
- [ ] カイラサナータ寺院 Kailasanathar Temple
- [ ] エーカンバレーシュワラ寺院 Ekambareswara Temple

【地図】シヴァカンチーの [★★☆]
- [ ] シヴァ・カンチー Siva Kanch
- [ ] カーマークシ寺院 Kamakshi Amman Temple
- [ ] ヴァイクンタ・ペルマール寺院 Vaikunda Perumal Temple

【地図】シヴァカンチーの [★☆☆]
- [ ] ウラガランダ・ペルマール寺院 Ulagalandar Temple
- [ ] カチャレスワーラ寺院 kacchapaeswarar Temple

INDIA
南インド

INDIA
南インド

カイラサナータ寺院 Kailasanathar Temple [★★★]

カーンチプラム市街西部に位置し、8世紀のヒンドゥー建築の傑作にあげられるカイラサナータ寺院。ピラミッド状の十三層からなる本殿、その本殿を周壁で囲み、壁面や柱はライオン像など力強い彫刻で彩られている（カイラサナータとはシヴァ神の棲む天界のことで、シヴァ神そのものと見られるリンガがまつられている。また聖牛ナンディはシヴァ神の乗りもの）。この寺院は、パッラヴァ朝の最盛期に君臨したナラシンハヴァルマン2世（700〜728年ごろ）の命で、マハーバリプラムの海岸寺院の建設直後に規模を大きくして首

▲左　シヴァ派寺院がならび立つシヴァ・カンチー。　▲右　ピラミッド状のシカラをもつカイラサナータ寺院

都カーンチプラムに建てられた。パッラヴァ朝では海洋貿易が盛んで中国にも使節が派遣されるなど、カーンチプラムを中心にタミル地方、デカン南東部に勢力を誇った。

南方型寺院の祖型

ヒンドゥー寺院は、本殿の屋根の様式によって北インド型と南インド型のふたつにわけることができる。砲弾型で上昇性の強い北インドの屋根に対して、南インドでは切り出した石を階層状に積みあげるピラミッド型となっている（カージュラホやオリッサのものが北インドの代表作）。こうした南方

【地図】カイラサナータ寺院の [★★★]

- [ ] カイラサナータ寺院 Kailasanathar Temple

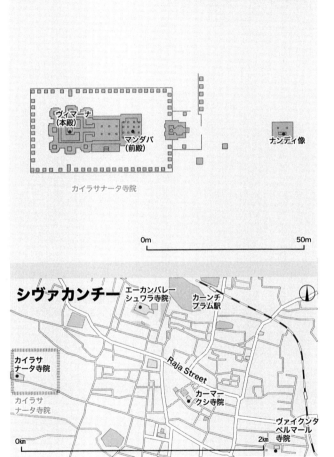

INDIA
南インド

型の寺院は、8世紀のタミル地方、カイラサナータ寺院や海岸寺院で登場し、それまでの岩山の斜面を利用した石窟寺院から、切石をもちい、どこでも自由に建てられる石積寺院が見られるようになった。

カーンチプラムからエローラへ

3世紀、デカン高原からタミル地方北側に勢力を誇ったサータヴァーハナ朝が滅んだのち、その領土の北部でチャールキヤ朝、南側でパッラヴァ朝が勢力をもつようになった。両者は抗争を繰り返し、チャールキヤ朝がカーンチプラムを占領

▲左　シヴァ信仰の中心地エーカンバレーシュワラ寺院。　▲右　街角の売店にて、信仰が息づく

したり、逆にパッラヴァ朝がバーダーミを占領するということがあった。デカンとタミルの文化交流が促進され、8世紀、戦勝記念としてカーンチプラムのカイラサナータ寺院を模したヴィルーパクシャ寺とマッリカルジュナ寺がチャールキヤ朝の領土につくられた。こうしてドラヴィダ様式の建築がデカンに伝わり、チャールキヤ朝に続くラーシュトラクータ朝時代のエローラ第16窟カイラサナータ寺院はその流れを組む最高傑作にあげられる。

INDIA
南インド

エーカンバレーシュワラ寺院
Ekambareswara Temple [★★★]

エーカンバレーシュワラ寺院はカーンチプラム最大のシヴァ派寺院で、南インド中から訪れる巡礼者の姿がある(7世紀の詩には「カムバムあるいはエーカンバムと呼ばれる河の岸にカーンチーの街が建てられた」と記されている)。この寺院の創建はパッラヴァ朝時代にさかのぼるが、その後のチョーラ朝、ヴィジャヤナガル朝でも増改築が続き、16〜17世紀に現在の姿となった。東西200m、南北200 mに展開する広大な敷地をもち、本殿には南インドの五大リンガのひ

▲左　寺院前の露店でやりとりする客と店主。　▲右　エーカンバレーシュワラ寺院の内部

とつがまつられている。寺院内部の壁面や540本の列柱には彫刻がくまなくほどこされているほか、高さ57mになるドラヴィダ式門塔ゴープラも特筆される（古くは仏教寺院だったとも言われる）。

そびえる門塔ゴープラ

エーカンバレーシュワラ寺院の門塔ゴープラは、南インド有数の57mの高さをもつ。南方のドラヴィダ式寺院では寺院を囲む周壁の正面や四方にゴープラを備え、そこにびっしりと神像や聖者像がほどこされた。この様式は中世以降もイス

【地図】エーカンバレーシュワラ寺院の［★★★］
- [ ] エーカンバレーシュワラ寺院 Ekambareswara Temple

【地図】エーカンバレーシュワラ寺院の［★★☆］
- [ ] シヴァ・カンチー Siva Kanch
- [ ] カーマークシ寺院 Kamakshi Amman Temple

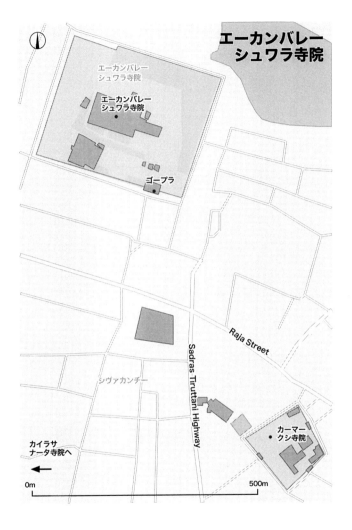

INDIA
南インド

ラム教徒の統治を受けなかったタミル地方で発展したもので、時代がくだるに連れて徐々にゴープラが高くなり、やがて本殿の高さをしのぐようになった。たとえば8世紀、パッラヴァ朝時代のカイラサナータ寺院では門塔と周壁、本殿の調和がとれているが、16〜17世紀のヴィジャヤナガル朝時代のエーカンバレーシュワラ寺院ではいびつなほど門塔ゴープラが高くなっている。

▲左　この木のしたでシヴァ神とカーンチプラムの女神が結婚した。　▲右　高さ57mのゴープラ、南方のドラヴィダ様式

マンゴーの老木

エーカンバレーシュワラ寺院の中庭には、樹齢2000年とも3500年とも言われる1本のマンゴーの老木が立っている。ここでシヴァ神とカーンチプラムを守護する女神カーマークシが結婚したと伝えられ、このマンゴーになる実を食べると子どもを授かると信じられている。シヴァ神と女神の結婚は、古くからカーンチプラムで信仰されていた女神と、北インドからのシヴァ信仰が融合したことを象徴的に示すのだという（もともと南インドの各地域や村落では、それぞれ土着の神が信仰されていた）。

南インド

カーマークシ寺院 Kamakshi Amman Temple ［★★☆］

カーマークシ寺院は、ヒンドゥー教が成立する4〜5世紀以前からこの地で信仰を集めていた女神を主神とする。南インドでは生命を育む大地と女性が重ねて見られ、アンマン（母神）と総称される女神が信仰されていた。その後、女神はシヴァ神と結婚することでヒンドゥー教のなかに体系化され、カーマークシ女神はパールヴァティー女神の化身となった。現在の建物は16〜17世紀に建てられ、高さ30mの門楼から入ると、黄金の屋根をもつ本殿、大きな沐浴場が見える。古くこの寺院は仏教の女神ターラーをまつった仏教寺院だったとも言われる。

▲左　象に頭をなでてもらう人、象は鼻でお金を徴収する。　▲右　カーマークシ寺院の門構え

処女性を保つ女神

シヴァ神はカーンチプラムではカーマークシ女神と、マドゥライではミーナクシ女神と結婚した。それらの女神は同一視されているが、もともとは土着の女神でそれぞれの独立性が強いという。カーマークシ寺院では、女神の主人であるシヴァ神は本殿から隔離するように境内北東隅にまつられている。そこからは女神そのものへの信仰の強さがうかがえ、インド南端のカニャークマリ（コモリン岬）のクマリは結婚することなく処女神の地位を保っている。

南インド

ウラガランダ・ペルマール寺院 Ulagalandar Temple[★☆☆]

カーマークシ寺院のそばに残るウルガランダ・ペルマール寺院。チョーラ朝時代(10〜13世紀)に創建されたもので、ヴィシュヌ神の化身がまつられている。

カチャレスワーラ寺院 kacchapaeswarar Temple[★☆☆]

市街中心部に立ち、正方形の区画をもつカチャレスワーラ寺院。寺院の名前はカーンチプラムに現れたリンガがカチャベサールと呼ばれたことにちなむという。蛇の浮き彫りを残す石碑が見られ、この地の蛇への信仰を今に伝える。

▲左　多くの人でにぎわうヒンドゥー寺院。　▲右　黄金の屋根が見えるカーマークシ寺院にて

ヴァイクンタ・ペルマール寺院
Vaikunda Perumal Temple ［★★☆］

シヴァ・カンチー東側、ちょうどカイラサナータ寺院に対応するように西面するヴァイクンタ・ペルマール寺院。ヴァイクンタとはシヴァ神のカイラサナータにあたる「ヴィシュヌ神の天界」を意味する。8世紀前半のパッラヴァ朝時代の建立で、ヴィシュヌ神がまつられている（ヴィシュヌ教徒のパッラヴァ王パラメーシュヴァラヴァルマン2世とそれに続くナンディーヴァルマン2世の時代につくられた）。ヴィシュヌ神の座像が安置されたピラミッド型の本殿を、ライオン柱の

INDIA
南インド

彫刻をもつ回廊がとりまき、壁面にはヒンドゥー神話『マハーバーラタ』『ラーマヤナ』の浮き彫りが見られる。

パッラヴァ朝とは

パッラヴァ朝は今のアーンドラ・プラデーシュ州からカーンチプラムに南下して都を開いたと考えられる。3～5世紀までのことははっきりとわかっておらず、6世紀後半、シンハヴィシュヌ（560～580年ごろ）によって再興され、当時の南インドで最大の勢力を誇った。マヘーンドラヴァルマン1世（600～630年ごろ）、ナラシンハヴァルマン1世（630

Kanchipuram シヴァカンチー 城市案内

〜68年ごろ)のとき最盛期を迎え、スリランカや東南アジアとも交易を行なった。歴代の王は学問や芸術への造詣が深く、マハーバリプラムの海岸寺院、カーンチプラムのカイラサナータ寺院、ヴァイクンタ・ペルマール寺院などヒンドゥー美術を代表する建築がつくられた。9世紀末、チョーラ朝によって滅ぼされた。

【地図】ヴァイクンタペルマール寺院の [★★☆]

☐ ヴァイクンタ・ペルマール寺院
Vaikunda Perumal Temple

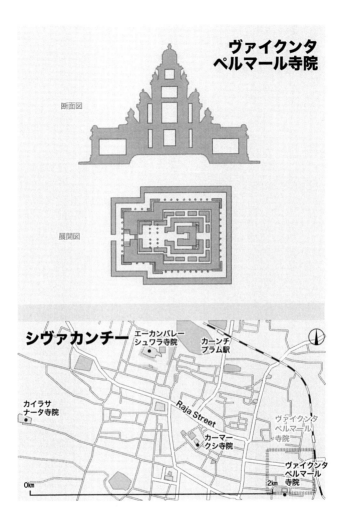

【MEMO】

【MEMO】

Kanchipuram シヴァカンチー城市案内

Guide, Vishnu Kanch
ヴィシュヌカンチー 城市案内

カーンチプラムはシヴァ神とヴィシュヌ神双方の聖地
ヴィシュヌ・カンチーの中心にはヴィシュヌ神をまつった
ヴァラダラージャ寺院が立つ

ヴィシュヌ・カンチー Vishnu Kanch ［★★☆］

カーンチプラムの市街南東部はヴィシュヌ・カンチーと呼ばれるエリアで、額に縦3本線を入れたヴィシュヌ派の人々の姿がある（シヴァ派は横3本線）。ヴィシュヌ神はラーマやクリシュナといった地方神を化身とすることで地位を高め、シヴァ神とならぶ二大神となった。パッラヴァ朝を再興させたシンハヴィシュヌ（560〜580年）などがヴィシュヌ派の統治者だったほか、7〜9世紀のタミル地方ではアールワールと呼ばれるヴィシュヌ派の宗教詩人が寺院をめぐって布教したことでも知られる。インドを代表するヴィシュヌ派の宗

INDIA
南インド

教家ラーマヌジャはカーンチプラム近郊のシュリーペルンブドゥールで生まれ、ヴァラダラージャ寺院に滞在した。

ヴァラダラージャ寺院 Vardaraja Temple ［★★★］

ヴィシュヌ・カンチーの中心に立つヴァラダラージャ寺院は、12世紀のチョーラ朝時代に創建され、その後のヴィジャヤナガル朝時代に改築されて現在にいたる。タミル地方のヴィシュヌ派は南方派と北方派にわかれ、カーンチプラムのヴァラダラージャ寺院はサンスクリット語重視の北方派の聖地となっている（より勢力が強くタミル語重視の南方派の聖地は

▲左 ヴァラダラージャ寺院はヴィシュヌ派の聖地。 ▲右 ヴァラダラージャ寺院内の百柱の堂にほどこされた彫刻

シュリーランガム)。入口には巨大なゴープラがそびえ、四重の周壁をめぐらせた本殿を中心に、境内には沐浴場、列柱に彫刻がほどこされた「百柱の堂」が見られる。5～6月の祭りでは、本殿に安置されたヴィシュヌ神像が神鳥ガルーダに乗って街を巡行する。デーヴァ・ラージャスワーミ寺院とも呼ばれている。

【地図】ヴィシュヌカンチー

【地図】ヴィシュヌカンチーの [★★★]
- [ ] ヴァラダラージャ寺院 Vardaraja Temple

【地図】ヴィシュヌカンチーの [★★☆]
- [ ] ヴィシュヌ・カンチー Vishnu Kanch
- [ ] ヴァイクンタ・ペルマール寺院 Vaikunda Perumal Temple

【地図】ヴィシュヌカンチーの [★☆☆]
- [ ] 貯水池 Reservoir

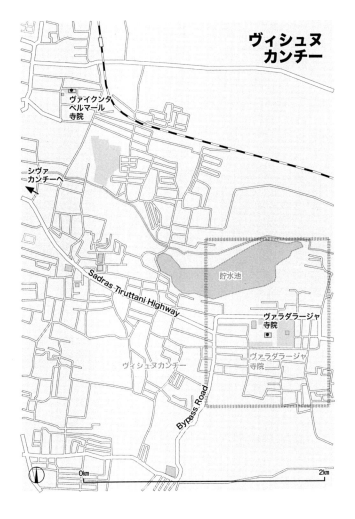

【地図】ヴァラダラージャ寺院

【地図】ヴァラダラージャ寺院の [★★★]
- [ ] ヴァラダラージャ寺院 Vardaraja Temple

【地図】ヴァラダラージャ寺院の [★★☆]
- [ ] ヴィシュヌ・カンチー Vishnu Kanch

【地図】ヴァラダラージャ寺院の [★☆☆]
- [ ] 貯水池 Reservoir

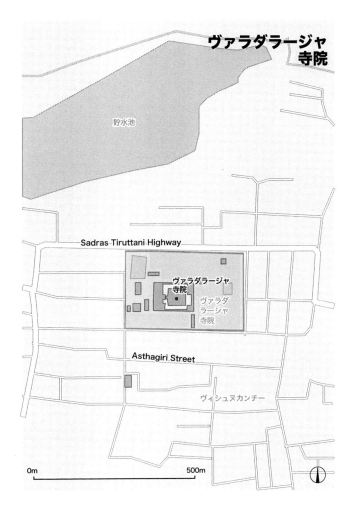

INDIA
南インド

貯水池 Reservoir [★☆☆]

カーンチプラム市街の南を流れるパラール川は乾季に干あがり、1年を通して充分な水量は確保できない。こうした事情から南インド内陸部では溜池灌漑が発達し、パッラヴァ朝（3〜9世紀）時代に築かれた溜池も残っているという。西ガート山脈から東のベンガル湾に向かって低くなる南インドの地形を利用して、雨季に川の水をひいて溜池とし、乾季に溜池の水を農業用水として少しずつ使うという方法がとられている。

▲左　ヴィシュヌ・カンチーの絹織物店。　▲右　ヴィシュヌ神をまつる巨大なヴァラダラージャ寺院

南インドを代表する絹の街

カーンチプラムは南インドを代表する絹織物の街として知られ、市内には絹織物店がずらりとならぶ（絹の産地を後背地に抱え、パッラヴァ朝時代から絹織物の伝統があるという）。工房では部屋いっぱいに機織り機がおかれ、家族で協力して作業が行なわれている。とくに赤や青の厚手の生地に金糸で織り出したカーンチプラムの紋織は有名で、この街のシルクはチェンナイはじめインドの大都市でも売られている。

南インド

▲左　神々に捧げる花が用意されている。　▲右　鮮やかなサリーを身にまとった女性

インドの民族衣装サリー

縫製服が世界的に広がるなか、インド女性のまとう民族衣装サリーは際立った存在感を見せている。幅90cm、長さ6mほどの布を100通りとも言われる方法で身体に巻きつけ、生地には独特の文様や刺繍がほどこされている。茜で赤を、藍で青をというように、インドでは天然染めの染色技術が今に受け継がれ、それが手作業で行なわれている場面に出くわすこともある（1枚布を身体にまきつける衣装は、東南アジア方面に通じ、縫製服は北西方面からイスラム教徒によってもたらされた。インド男性は伝統的な衣服と縫製の西洋服を併用しているケースが多い）。

【MEMO】

【MEMO】

Guide, Around Kanchipuram
郊外
城市案内

INDIA
南インド

ジャイナ教の伝統を今に伝えるティルパルッティクンラム村
またカーンチプラムとチェンナイを結ぶ道路沿いには
工業団地が形成され、外資企業が進出している

ジャイナ・カンチー Jina Kanch ［★☆☆］

紀元前5世紀ごろに生まれたジャイナ教は、都市の形成、商人層の台頭とともに南インドにも広がりを見せた。不殺生や禁欲主義が説かれ、5世紀ごろの『ティルックラル』はじめ、タミル文学に多くのジャイナ教徒が詩を残している。またパッラヴァ朝の王がジャイナ教を保護したこともあり、カーンチプラムのジャイナ・カンチーもにぎわいを見せていた。7世紀初頭、パッラヴァ朝のマヘンドラヴァルマン1世がジャイナ教からシヴァ派に改宗したように、6世紀ごろからヒンドゥー教が優勢になった。ティルッパルッティクンラム村に

は、9世紀に創建されたチャンドラプラヴァ寺院とヴァルダマーナ寺院が残っている。

ヴァルダマーナ寺院 Jain Temple ［★☆☆］
カーンチプラム南西郊外に位置するティルッパルッティクンラム村に残るジャイナ寺院。カーンチプラムでは古くからジャイナ教が栄え、この建物は12世紀以降に建てられた。あたりにはジャイナ教徒が暮らしている。

【地図】カーンチプラム郊外

【地図】カーンチプラム郊外の [★☆☆]

- [ ] ヴァルダマーナ寺院 Jain Temple
- [ ] マーマンドゥール石窟 Mamandur Cave Temple
- [ ] シュリーペルンブドゥール Sriperumbudur

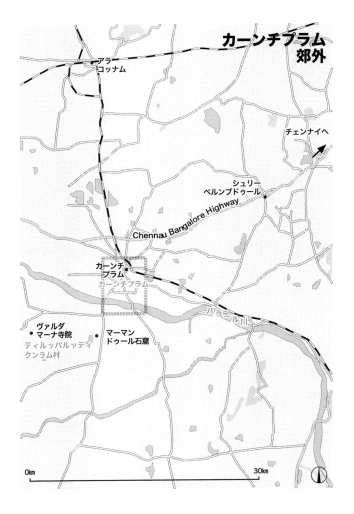

INDIA
南インド

マーマンドゥール石窟 Mamandur Cave Temple ［★☆☆］

カーンチプラム南 15 km に位置するマーマンドゥール石窟。パッラヴァ朝初期に小高い丘の岩山の壁面を利用して築かれたヒンドゥー石窟。4 窟が残り、第 2 窟では浮き彫りが見られる。

▲左 カーンチプラムのジャイナ教寺院。 ▲右 この地からいく人もの英雄が生まれた

シュリーペルンブドゥール Sriperumbudur [★☆☆]

カーンチプラムとチェンナイを結ぶ街道上に位置するシュリーペルンブドゥール。11世紀末、ヴィシュヌ派の宗教家ラーマヌジャはこの街で生まれ、のちにカーンチプラムで過ごした(ヴィシュヌ派の理論と教義を確立し、南インドのヴィシュヌ派に大きな影響をあたえた)。また1991年にはインドの首相ラジブ・ガンジーがシュリーペルンブドゥールで暗殺されるという悲劇があり、その記念碑も立つ。

INDIA
南インド

アンナー・ドゥライの故郷

今なおタミル人に慕われている政治家アンナー・ドゥライ（1909〜69年）はカーンチプラムに生まれた。20世紀、「ドラヴィダ人による南インド」をかかげてドラヴィダ進歩連盟（DMK）をひきい、1967年に国民会議派からこの地域政党が政権を奪取した（このとき、マドラス州からタミルナードゥ州へと州名が変更された）。カーンチプラムには、アンナー・ドゥライの生家が残っている。

南インドで展開した信仰

INDIA
南インド

石積み寺院の建造やバクティ運動
ヒンドゥー教を構成する主要素が
パッラヴァ朝時代のカーンチプラムを舞台に形成された

南インドのサンスクリット化

タミルナードゥ州の北部に位置するカーンチプラムは、南下してきた北インドのサンスクリット文化と南インド土着の文化が交わる接点でもあった（仏教やジャイナ教、4世紀ごろのグプタ朝で成立したヒンドゥー教が北からもたらされた）。そのなかでもパッラヴァ朝は、6世紀から北インドで育まれた政治制度で国を運営し、徐々にインド化が進行していった。シヴァ神と土着の女神の結婚はその象徴的な例と見られている。

Kanchipuram 南インドで展開した信仰

石積寺院の建立

初期のヒンドゥー寺院は、丘陵に開いた石窟寺院や木材で組まれたものだった。こうしたなか8世紀ごろになると、切り出した石材の運搬が可能になり、平地など自由な場所で石積寺院が建てられるようになった。南インドではマハーバリプラムで海岸寺院が建てられ、その直後にカーンチプラムのカイラサナータ寺院が建てられた。パッラヴァ朝では、こうした寺院建立が王権と結びつき、ヒンドゥー教のありかたにも影響をあたえたと言われる。

INDIA
南インド

神への絶対帰依バクティ

「ヴィシュヌ神にひたすら親愛と帰依を捧げることで魂が救われる」という運動バクティは、7〜8世紀ごろのタミル地方で生まれた。アールワールと呼ばれる12人のヴィシュヌ派の詩人が寺院をめぐり、対応するようにシヴァ派の63人のナーヤナールも活躍した(特定の場所と神が結ばれたタミル人の宗教観、愛を熱烈に詠いあげるタミル文学の伝統などの素地があった)。こうしたバクティ運動はそれまで繁栄していたジャイナ教や仏教を駆逐し、南インドから北インドに伝わって、15世紀以降の北インドでクリシュナ信仰やラーマ信仰の興隆につながったという。

▲左 柱に描かれた神像、絶妙のポーズをとる。 ▲右 神輿を先頭に街を練り歩く人びと

玄奘三蔵とブッダ・カンチー

サータヴァーハナ朝（紀元前1～3世紀）時代、インド仏教は南インドでも王族や商人を中心に多くの信者を集めた。タミル文学『マニメーハライ』のなかでも仏教の影響が見られ、5世紀ごろ、カーンチプラムはナーランダとならぶほど仏教が栄えていたという。パッラヴァ朝ナラシンハヴァルマン1世が統治する7世紀、中国の仏教僧玄奘三蔵がカーンチプラムを訪れ、「仏教伽藍が100か所、僧徒は1万余人」という記録を残している。タミルのインド仏教は、13世紀末のチョーラ朝滅亡後に衰え、17世紀ごろには姿を消した。

参考文献

『南アジア史3 南インド』（辛島昇 / 山川出版社）

『インド建築案内』（神谷武夫 /TOTO出版）

『世界歴史の旅南インド』（辛島昇 / 山川出版社）

『南インドの建築入門』（佐藤正彦 / 彰国社）

『世界美術大全集インド』（肥塚隆・宮治昭 / 小学館）

『女神たちのインド』（立川武蔵 / せりか書房）

『ヒンドゥー教巡礼』（立川武蔵 / 集英社）

『サリー！サリー！サリー！』（杉本星子 / 風響社）

『世界大百科事典』（平凡社）

まちごとパブリッシングの旅行ガイド

Machigoto INDIA , Machigoto ASIA , Machigoto CHINA

【北インド - まちごとインド】

001 はじめての北インド
002 はじめてのデリー
003 オールド・デリー
004 ニュー・デリー
005 南デリー
012 アーグラ
013 ファテープル・シークリー
014 バラナシ
015 サールナート
022 カージュラホ
032 アムリトサル

【西インド - まちごとインド】

001 はじめてのラジャスタン
002 ジャイプル
003 ジョードプル
004 ジャイサルメール
005 ウダイプル
006 アジメール(プシュカル)
007 ビカネール
008 シェカワティ
011 はじめてのマハラシュトラ
012 ムンバイ
013 プネー
014 アウランガバード
015 エローラ
016 アジャンタ
021 はじめてのグジャラート
022 アーメダバード
023 ヴァドダラー(チャンパネール)
024 ブジ(カッチ地方)

【東インド - まちごとインド】

002 コルカタ
012 ブッダガヤ

【南インド - まちごとインド】

001 はじめてのタミルナードゥ
002 チェンナイ
003 カーンチプラム
004 マハーバリプラム
005 タンジャヴール
006 クンバコナムとカーヴェリー・デルタ
007 ティルチラパッリ
008 マドゥライ
009 ラーメシュワラム
010 カニャークマリ
021 はじめてのケーララ
022 ティルヴァナンタプラム
023 バックウォーター(コッラム〜アラップーザ)
024 コーチ(コーチン)
025 トリシュール

【ネパール - まちごとアジア】

001 はじめてのカトマンズ
002 カトマンズ
003 スワヤンブナート

004 パタン
005 バクタプル
006 ポカラ
007 ルンビニ
008 チトワン国立公園

【バングラデシュ - まちごとアジア】

001 はじめてのバングラデシュ
002 ダッカ
003 バゲルハット（クルナ）
004 シュンドルボン
005 プティア
006 モハスタン（ボグラ）
007 パハルプール

【パキスタン - まちごとアジア】

002 フンザ
003 ギルギット（KKH）
004 ラホール
005 ハラッパ
006 ムルタン

【イラン - まちごとアジア】

001 はじめてのイラン
002 テヘラン
003 イスファハン
004 シーラーズ
005 ペルセポリス
006 パサルガダエ（ナグシェ・ロスタム）
007 ヤズド
008 チョガ・ザンビル（アフヴァーズ）
009 タブリーズ
010 アルダビール

【北京 - まちごとチャイナ】

001 はじめての北京
002 故宮（天安門広場）
003 胡同と旧皇城
004 天壇と旧崇文区
005 瑠璃廠と旧宣武区
006 王府井と市街東部
007 北京動物園と市街西部
008 頤和園と西山
009 盧溝橋と周口店
010 万里の長城と明十三陵

【天津 - まちごとチャイナ】

001 はじめての天津
002 天津市街
003 浜海新区と市街南部
004 薊県と清東陵

【上海 - まちごとチャイナ】

001 はじめての上海
002 浦東新区
003 外灘と南京東路
004 淮海路と市街西部
005 虹口と市街北部
006 上海郊外（龍華・七宝・松江・嘉定）
007 水郷地帯（朱家角・周荘・同里・甪直）

【河北省 - まちごとチャイナ】

001 はじめての河北省
002 石家荘
003 秦皇島
004 承徳
005 張家口
006 保定
007 邯鄲

【江蘇省 - まちごとチャイナ】

001 はじめての江蘇省
002 はじめての蘇州
003 蘇州旧城
004 蘇州郊外と開発区
005 無錫
006 揚州
007 鎮江
008 はじめての南京
009 南京旧城
010 南京紫金山と下関
011 雨花台と南京郊外・開発区
012 徐州

【浙江省 - まちごとチャイナ】

001 はじめての浙江省
002 はじめての杭州
003 西湖と山林杭州
004 杭州旧城と開発区
005 紹興
006 はじめての寧波
007 寧波旧城
008 寧波郊外と開発区
009 普陀山
010 天台山
011 温州

【福建省 - まちごとチャイナ】

001 はじめての福建省
002 はじめての福州
003 福州旧城
004 福州郊外と開発区
005 武夷山
006 泉州
007 厦門
008 客家土楼

【広東省 - まちごとチャイナ】

001 はじめての広東省
002 はじめての広州
003 広州古城
004 天河と広州郊外
005 深圳（深セン）
006 東莞
007 開平（江門）
008 韶関
009 はじめての潮汕
010 潮州
011 汕頭

【遼寧省 - まちごとチャイナ】

001 はじめての遼寧省
002 はじめての大連
003 大連市街
004 旅順
005 金州新区

006 はじめての瀋陽
007 瀋陽故宮と旧市街
008 瀋陽駅と市街地
009 北陵と瀋陽郊外
010 撫順

【重慶 - まちごとチャイナ】

001 はじめての重慶
002 重慶市街
003 三峡下り（重慶〜宜昌）
004 大足

【香港 - まちごとチャイナ】

001 はじめての香港
002 中環と香港島北岸
003 上環と香港島南岸
004 尖沙咀と九龍市街
005 九龍城と九龍郊外
006 新界
007 ランタオ島と島嶼部

【マカオ - まちごとチャイナ】

001 はじめてのマカオ
002 セナド広場とマカオ中心部
003 媽閣廟とマカオ半島南部
004 東望洋山とマカオ半島北部
005 新口岸とタイパ・コロアン

【Juo-Mujin（電子書籍のみ）】

Juo-Mujin 香港縦横無尽
Juo-Mujin 北京縦横無尽
Juo-Mujin 上海縦横無尽

【自力旅游中国 Tabisuru CHINA】

001 バスに揺られて「自力で長城」
002 バスに揺られて「自力で石家荘」
003 バスに揺られて「自力で承徳」
004 船に揺られて「自力で普陀山」
005 バスに揺られて「自力で天台山」
006 バスに揺られて「自力で秦皇島」
007 バスに揺られて「自力で張家口」
008 バスに揺られて「自力で邯鄲」
009 バスに揺られて「自力で保定」
010 バスに揺られて「自力で清東陵」
011 バスに揺られて「自力で潮州」
012 バスに揺られて「自力で汕頭」
013 バスに揺られて「自力で温州」

【車輪はつばさ】
南インドのアイラヴァテシュワラ寺院には建築本体に車輪がついていて寺院に乗った神さまが人びとの想いを運ぶと言います。

・本書はオンデマンド印刷で作成されています。
・本書の内容に関するご意見、お問い合わせは、発行元の
　まちごとパブリッシング info@machigotopub.com までお願いします。

まちごとインド
南インド003カーンチプラム
~寺院で彩られた「黄金の街」[モノクロノートブック版]

2017年11月14日　発行

著　者	「アジア城市（まち）案内」制作委員会
発行者	赤松　耕次
発行所	まちごとパブリッシング株式会社 〒181-0013　東京都三鷹市下連雀4-4-36 URL http://www.machigotopub.com/
発売元	株式会社デジタルパブリッシングサービス 〒162-0812　東京都新宿区西五軒町11-13 　　　　　　清水ビル3F
印刷・製本	株式会社デジタルパブリッシングサービス URL http://www.d-pub.co.jp/

MP034

ISBN978-4-86143-168-5 C0326　　　　Printed in Japan
本書の無断複製複写（コピー）は、著作権法上での例外を除き、禁じられています。